The Blueprint of Oneness

# ワンネスの青写真

## 私は聖ジャーメインなるものである

聖ジャーメイン & アシェイマリ・マクナマラ 著

片岡 佳子 訳



太陽出版

# ワンネスの青写真

**THE BLUEPRINT OF ONENESS**

by Saint Germain & Ashamarae McNamara


Published by Awakening From Within Ltd. in 2008, by
Findhorn Press in 2010

Japanese translation published by arrangement with
Findhorn Press Ltd. through The English Agency (Japan) Ltd.

## ワンネスの青写真

「私はある」というものが
この本の音と文字の中に
ロック解除のコードを配置した。
あなたの明晰な気づきを縛りつけてきた信念や
あなたに内在する真実を覆い隠してきた信念を
私たちといっしょに解き放ち、変えていこう。

――炎の守護者《キーパー》・次元上昇したマスター・聖ジャーメイン

## すべての生命のワンネスにアクセスするためのガイド

**考える……**

イエスとマリアは内側から「ワンネスの青写真」を活性化した。モーゼも然り、仏陀も然り。そして今、あなたにもそれができる。

**信じる……**

愛が流れるままに、愛の欲求に従って行動するたびに、あなたは形体の現実に「ワンネスの青写真」をもっと放出する。

**実行する……**

「私は自由である」と断言しなさい。そうすれば、その言葉に合わせてあなたの外にあるものが形づくられる。働いている愛の声は、親切や分かち合い、サポート、一体化である。

**呼吸する……**

あなたが霊的な悟りを探求するとき、聖ジャーメインのエネルギーを吸い込むように、感じるように、あなたの存在に入れるようにしなさい。練習と瞑想を通して源とのつながりをより深く経験しなさい。

**援助する……**

『ワンネスの青写真』で伝えられた内容に従うことによって、あなたは以前には経験したことのない膨大な光の波を世界に定着させることを援助する。

# 序文

私はこれまでは主にスピリットのチャネルだったが、この八年間は次元上昇したマスターや慈悲深い霊的ガイドとのチャネリングにも恵まれている。ある日、親友のラーマと座ってワークしていると、スピリットがやってきてこう告げた。「人類に授けられる予定の『ワンネスの青写真**』（The Blueprint of Oneness）という一冊の書がある。それは、あなたたちが伝えることになっている」

趣旨は分かったが、それがどんなものなのか見当もつかなかった。それなのにとても感動して、私の中で目覚めつつある驚くべき何かを感じた。「そうだ！そのとおり！」という強烈な感覚だったとしか言いようがない。そのときから私たちに情報が来るようになった。ただし波があって、すべてが一度に来たわけではない。私たちに『ワンネスの青写真』の次の情報を受け取る準備ができたときにだけ、次の分が届いたのだろう。

これまで、そして今でも本書について特筆すべきことは、マインドがもてあそぶ余計な話が入っていないことだ。本書で扱っているのはエネルギーの直接体験と伝達で、内なる真実に気づく人をサポートするものである。

これが始まってからというもの、私たちは本書と共に驚くべき旅をしてきた。本書を世に出すために、奇跡的に出来事や状況や人びとが適切な場所に収まってきた。私はこれまでの素晴らしい経験に心から感謝している。

支えにならない信念体系を苦もなく捨てられたら、どんなに素晴らしいだろうか？

もし誰も彼もが恩寵やたやすさ、流れ、愛に無意識に応じたら、どんなにすごいだろうか？

もしそのような観点から自分を表現したら、どんなふうに人生を感じるだろうか？

マスターの聖ジャーメインは、私たちの自然な表現形式は恩寵、たやすさ、流れ、愛であると説いている。本書はあなたのためにある。疑いなく、あなたは並外れたサポートを呼び起こしてきている。本書はひととき私と共にあって、すでに私の人生を計り知れないほど祝福してきた。

『ワンネスの青写真』があなたの家族や友人の手にたどり着きますように。そして恩寵、たやすさ、流れ、愛があなたの人生の主な経験になりますように。

あなたとあなたの旅に心からの祝福を。

——アシェイマリ

**＊＊原注　青写真（Blueprint）**　設計図あるいは技術図。計画、原型、テンプレートの働きをするものの比喩。

あなたは部分の総和を超えたものになりつつある。
あなたが目覚めるときが来た！

# 目次

序文

•
•
•

あなたは自由であると考えなさい。
そうすれば、あなたの外にあるものは
その考えに応じた形になる。

## 輝く光

・・・

こんにちは。とても幸先のよいこの機会へようこそ。まず、この本について説明しよう。この本は、内的な直接の体験によって経験するためのものである。徹底的に読むためのものではない。これを読んでいるあいだはガイダンスに従うことをお勧めする。「読むのをやめて呼吸しなさい。そしてあなたの中を通るエネルギーを感じて身をまかせなさい」と提案するときがある。

このように勧めるのは、提供されているエネルギーの完全な統合に最適のときだ。あなたが手にしているものは生きているのだが、私たちがこれは生きていると言うだけでは十分ではない。だから私たちはあなたを導いて、あなたに直に体験させよう。そうすれば、自己変容のための生きたエネルギーが手の中にあると分かるだろう。

最愛の友よ、自己紹介をしよう。**私は**聖ジャーメインと呼ばれるもので**ある**。**私は**炎の守護者《キーパー》と称されるもので**ある**。私の現時点での目的は、荘厳な創造物と光の輝きが具現される世界へ人類を進化させること、そして母なる地球を変容することだ。まさに、すべてにとって重大な時期だ。愛する者よ、誠に光栄なことに、**私は**あなたのところへ来ていて、あなたはこれらの言葉を読んでいる。この世界の多くの人が聖ジャーメインなるものについての解釈をつくり出してきた。同じくらい多くの人が「**私はある**」*というものであると自称してきた。愛する人よ、私の声は多くの人を通して発せられてきた。私からの伝達は本物で現実のものである。だが、

「**私はある**」というものは、とても多くの人によって箱の中に入れられてきたので、もうその声を残らず明かすべきときだ。「**私は**あなたの内なる神聖な自己で**ある**。**私は**奉仕への内なる呼びかけの声で**ある**。**私は**この大変な時期における内なる支えで**ある**」と分からないのか？　私たちが一つであることが分からない？　なぜ聖ジャーメインという形にそれほどこだわるのだろうか？　**私は**軽いひと息の意志で聖ジャーメインなるものを現し、それになることができる。それは私自身の手によって創られたからだ。だが、**私は**それをはるかに超えたもので**ある**。

現れた者、聖ジャーメインと呼ばれたものは時の回廊に存在するが、今も聖ジャーメインと呼ばれるものが話している。なぜその名前が霊的志願者の心《マインド》をそれほど惹《ひ》きつけるのかと多くの人が質問してきた。そのとおり、愛する人よ、聖ジャーメインに付いている名前と称号は、今も存在して役に立っている。けれども**私は**単なる称号をはるかに超越したもので**ある**。

**私は**言葉では表現できないもので**ある**。**私は**全人類と無限の宇宙と、その宇宙全体にわたっている住民への奉仕と祝福のために明かされるもので**ある**。**私は**この瞬間に非現実からつながっているもので**ある**。すべての人が現実だと信じているものこそ非現実だからだ。私は今この瞬間に、キリストの炎であるものによって明かされたやり方でつながっている。

**＊訳注「私はある」**　神はモーセに「わたしはある。わたしはあるという者だ」と言われ、また「イスラエルの人々にこう言うがよい。『わたしはある』という方がわたしをあなた

たちに遣わされたのだと。」旧約聖書・出エジプト記3—14（新共同訳）

もう一度、理解しなさい。
あなたが探し求めているものは外側にはない。

## 時は今

・・・

これらの言葉は肉となってあなたの体内に取り入れられ、この超過渡期に、あなたの現実をあなたの責任に基づく本物の現実に変える。一なる源の最愛の娘よ、最愛の息子よ、今あなたと話を交わしているものを感じなさい。そのものが言うことを聞きなさい。

分離の夢から目覚めたいというあなたの強い衝動に応じて、**私は**聖ジャーメイン*と呼ばれるこの肉体化した道具を使い続けているので**ある**。あなたに目覚めを授与させてほしい。その目覚めがあなたの気づきを、いま読んでいる言葉を超えた現実へと拡大することになる。

私たちは文字の一つ一つにエネルギーの周波数を吹き込んでいる。その周波数とは、自己実現への道であなたのために働く真理である。あなたは現時点の意識を超えて拡大する気があるか？　あなたは長年にわたって真実のための知恵を吸収してきたが、それを捨ててもかまわないか？

あなたに与えられていないが、あなたから生み出される真理を**私は**伝えつつ**ある**。何千年前も今日も、聖者が話している悟りへとあなたの魂を解放するのは真理である。あなたに剣を捨てよと呼びかける内なる声に降伏してくれないか？

あなた自身を解き放ち、この瞬間にあなたを満たしている恩寵を受け取ってくれないか？　愛する人よ、呼吸して、以下の言葉を感じなさい。

あなたの番だ！　あなたの時代だ！　しかもあなたからあなたへの贈り物だ！　このことが分からない？　あなたは永劫の数限りない表現のうちの一つであり、今こそが、あなたの手になる創造物を完全に体験するときであると。

今あなたに伝えていることは、目覚めつつある拡大中の意識への私からの贈り物である。だから永遠の魂よ、私の言うことを聞きなさい。あなたを通して明らかにされた至高の愛の話以外は、どんな話をされても信じてはいけない。この現実の中に表現を見いだしてきたもの、すなわち大勢の心と魂を苦しめてきたものは滅びかけているからだ。滅びかけているものは滅びるように定められている。というのは、その創造者がそれに表現の熟成期間を与えてきたが、もう時間切れだからだ。これは天罰ではなくて、自然の経過による反現実化のときということだ。目覚めた光が形体を通して現れるときが、今やすべての人に迫っている。すなわち、これもまた定められている。というのは、あなた方がこの時代において道を示す人であり、姿形を取ることを選び、表現された光になることを決めた人たちだからだ。形体で大いなる源を経験するのはあなた方だ。「**私は**形体で人というものを経験しにいく。**私は**肉となる」と言ったのは、あなた方だったのだ。そのような時代は今までにはなかったのだから、今というこの時代は本当に輝かしい時代である。愛する人よ、自分が一なる源の中の個別の表現であること、そして自分と大いなる源と呼ばれるものとは同じであるという現実に、あなたが目覚めはじめていることを自覚しなさい。

このような現実を示すために劇的なことをする必要はない。内なるハートに従いなさい。たとえば、どこかに行くように、あるいは何かをするように、何かを読むようにという内なる呼びかけに従いなさい。人知を超えた源から常に導きがあることを、そして最も素晴らしい経験をする絶好の機会に導かれたことを認めないのだろうか？　一なる源がこれをあなたの手に置いたことが分からないかな？

そのように導かれたことがないと思っている人たちは、これから経験するだろう。大きな目覚めのときがあなたたちに迫っているからだ。クリシュナが生まれている。仏陀が現れている。キリストが話しかけている。そしてあなたを通して。現在のように各瞬間がきわめて重大で、各瞬間が贈り物を生んでいる、そんな時代はこれまで一度もなかった。心を完全に開いて受け取りなさい。

＊訳注　言葉は肉となって「言《ことば》は肉となって、わたしたちの間に宿られた。」新約聖書・ヨハネによる福音書1—14（新共同訳）

あなたが選択することに注意しなさい。
あなたは人生のあらゆる瞬間で
自分を形づくっているのだから。

## 一体化

・・・

一体化の重要性について話そう。一体化とは、いっしょになって愛を分かち合ったり表現したりすることを楽しむだけのものではない。一体化は、錬金術の手段あるいは表現にたとえられる。それは錬金術が分離という考えそのものを取り除こうとしたものだからだ。一体化が能動的になされる場合には、関与者それぞれの分離された螺旋《らせん》を統合することになる。

だが、螺旋のこのような特殊な統合は、個人に生まれることはなかった。それは統合された共同体を通じて現れるだろう。この方面を活性化するためには、地上の楽園を実現することを意図して、愛と奉仕をもって集まるとよい。

一体化は人から人への完全な無私の奉仕によって生まれる。そのような行動パターンにおいて各自が深い理解に到達する。私たちが言葉を付け加えても損なわれることのない理解である。その体験はこの上もなく甘美で、しかも来るべき時代に必要なことすべてを外的な意識に与えることになる。だから集まりなさい。共に祈りなさい。分かち合いなさい。共に奉仕しなさい。これが地上の楽園を実現する方法だ。奉仕において集まることは、あなたが持っている素晴らしい手段の一つで、使いたければあなたのものだ。

これらの言葉の中に、あなたの内側で光のパターンを活性化する光の基盤をコード化した。深く呼吸しなさい。そうすればこの瞬間にそれを感じるだろう。導かれているとも感じるあいだは、そのエネルギーがあなたを通るままにしておきなさい。

恐れを超越する鍵は
愛の中に深く入ることである。

# 受け取る

・・・

何があなたのプロセスを支えるのだろうか？　愛、奉仕、親切、謙虚さの道を選ぶ人たちと集まることだ。与えられてきたものを分かち合いなさい。分かち合うことで、集まりそのものが拡大し、すべての人のために成功するから。完璧な状況を待つ必要はない。待っていては一生待つことになるから。一体感と調和の中で集まるときは今だ。この言葉を読んでいる一人一人に質問する。持っているものを分け合う気があるか？　私たちにあなたの目覚めを手伝わせる気があるか？　恩寵があなたの現実に入ってもかまわないか？　私たちと並んで奉仕してくれないか？　あの愛で、すなわち幻想を癒し、源という至福を一人一人の中に呼び起こす愛で大衆に奉仕してくれないか？

あなたが「はい《イエス》」と答える範囲内で、私たちはただちに開始する。あなたがすでに始めていることやあなたのハートの欲求から生じる創造にエネルギーを加えるつもりだ。あなたが思案していた計画や考えが、すべての人のための祈りとして認識されるようになるからだ。あなたの「はい《イエス》」という返事と、私たちにあなたの創造物への関与を許すという了解のもとで、私たち、純粋な愛と果てしない至福の領域から来る者は、あなたが思い描くことを拡大し浄化する。最愛の人よ、忘れないでほしい。私たちが絶えず持ち続けている意図は、すべての人が分離という考えそのものを癒すのを手伝うことである。

ここで少し時間をとって、目を閉じて、呼吸して、私たちの愛を感じなさい。

私たちがもたらすのは、愛だけである。

## 私はだれも閉めることができない門である、[*1] だから事は成就した[*2]

・
・
・

「はい《イエス》」と答えるのをためらった人も心配しないように。**私は**いつもあなたと共に**ある**から。そしてあなたがためらうことなく恩寵を自分の中に入れるときが来るから。私たちの申し出は永遠に有効である。

門はそれを受け取ろうとする人たちに向けて常に開いている。存在するものの中でこの目覚めのプロセスを止められるものは何もない。**私は**あなたが入った橋であり、戻っていく橋であるのだから、本当のことを認めて感じなさい。「**私は……ある**」という言葉は、現在では一般的な言い方で普通によく使われている。「**私は……ある**」

は多くの人によって話され、考えられ、経験されている。これから言う言葉は駄洒《だじゃ》落《れ》ではないと言っておく。あなたの救済はあなたに内在しているので、「**私はあるもので、ある**[*3]」という橋によって、あなたは個別の表現として、真実という豊かさを経験できる。あなた方が生命と呼ぶものは、今にもさらに驚くべき移行をしようとしている。

**＊訳注1　私はだれも閉めることができない門である**「わたしは門である。わたしを通って入る者は救われる。その人は、門を出入りして牧草を見つける。」新約聖書・ヨハネによる福音書10―9（新共同訳）
「見よ、わたしはあなたの前に門を開いておいた。だれもこれを閉めることはできない。」

新約聖書・ヨハネの黙示録3―8（新共同訳）

**＊訳注2　事は成就した**　新約聖書・ヨハネの黙示録21―6（新共同訳）

**＊訳注3　「私はあるもので、ある」（I AM THAT, I AM）**「わたしはある。わたしはあるという者だ」（I AM THAT I AM）旧約聖書・出エジプト記3―14（新共同訳）

愛はどのように尽くせるかを、
偽りの愛はどのように尽くしてもらえるかを、
常に考えようとしている。

## 祈りを捧げよう

・・・

愛する源よ、命そのものである源よ、私たちは、惜しみなくすべてに与えられる命と愛に感謝しています。私たちは一つの心、一つの精神、一つの身体として依頼します。愛のそのような無限の供給が、愛が完全に現れるのを邪魔するすべてのものを通して、この世界と他の世界で輝きますように。すべてを与えるものに、心の底から感謝します。全人類の前に現れて、眠る者をその幻想の澱《おり》から目覚めさせてください。渇いたままで眠っている者を目覚めさせ、ご自身の純粋なエッセンスから成るこの上なく清らかな水を与えてください。死んでいる者に命を与えるその水を与えてください。その水があらゆる心の渇きを満たすでしょうから。そうあらしめよ、そうである。

よく聞きなさい！　神聖な一なるものを呼び起こしなさい。そして感謝をもって、すべての人の中に唯一の真実の愛と、唯一の真実の光と、唯一の真実とに至る道を見なさい。「**私はあるもので、ある**」はすべての人にある優しさであり、与える人たちを与えてくれる存在だ。今この瞬間に、私たちはあなたのエネルギーフィールド内に光の光線を、つまり純粋な意図の光線を、すなわち「**私はあるもので、ある**」を定着させる。

ありがとう、ありがとう、本当にありがとう。真実であるものすべての名において、**私は**炎の守護者《キーパー》、次元上昇したマスターの聖ジャーメインで**ある**。

それでは、形体の現実に入り込んでいる創造物を浄化しよう。そしてそこにある何が光の純粋な表現に変容できるか見てみよう。さまざまな信念や経験が苦痛の傷をつくってきた。あなたはこの瞬間もそれらの信念や経験を内側に抱えている。今ここで、私たちがそれらの傷を癒そう。それらの痛みを洗い流そう。神聖な権利において、あなたは過去から解放されるべきだからだ。少し時間をとって、私たちの手を感じなさい。慈愛に満ちた恩寵により、それは成就した。

さて愛する者よ、とても多くの人の心の中には根深い傷があるが、戦争がそれを癒すことがないのは明らかではないか。どのような形の暴力も喜びの実を結ぶことがないのは明らかではないか。「愛こそが解決の手段だ」と、さまざまな形で何度も言われてこなかったかな?

読者よ、このことを知っておきなさい。存在するのはただ愛だけで、それ以外はすべて幻想である。あらゆる苦痛の癒しに欠かせない要素は愛だけだ。愛は「第七の封印＊」であり、形体における真実である。自由意志が愛にあなたの経験を残らず焼き尽くさせるまで、真実は十分には分からないだろう。それを味わうかもしれないし、それが形を取るのを見るかもしれない。だが真実になって現れる方法はただ一つ、あらゆる行いと考えを愛に焼き尽くさせて、何があろうと愛の完全な表現になることだ。多くの人がこのようなことは不可能だと言うだろう。だが、私たちはその人たちに「そんなことはない」と言おう。というのは、完全な表現の愛になるという現実を示す人がとても大勢来ていて、今あなたの世界に存在しているからだ。

ほら、愛する人よ、難しくないから、働いている愛になるという意図をはっきりと表明しなさい。あなたの内なる源に呼びかけて、あなたの恐れをすべて差し出して、心を込めて頼みなさい。

**愛するすべての源よ、「私はあるもので、ある」ものよ。私が夢見てきたことをすべて拾い上げて、働いている愛に変容してください。私がつくってきたこともこれからつくることもすべて拾い上げて、働いている愛に変容してください。私は愛の意志に身をゆだねます。どうか愛の意志がなされますように。**

この瞬間に、あなたという贈り物を感じなさい。人生のあらゆる瞬間で、あなたは自由に選ぶことができるし、ずっとそうしてきたし、またそうしている。愛する人よ、愛を選びなさい。今、愛を選んで変容しなさい。というのはこの世界の「時間」が尽きかけているからだ。予言者たちが、ガイドたちが、導師《グル》たちがあなた方に話してきた。私たちは皆、この主要なメッセージを伝えてきた。すべての人に奉仕しなさい、そしてすべての人を愛しなさい、と。働いている愛になって、愛が流れるようにしなさい。現在ここにいる集団といっしょに、完全に目覚める機会はまだ新しい。この機会を使ってほしい。それはあなたのものであり、あなたの手の中にあるのだから。そのような愛は、それぞれの行動で表現することを許されている。だから働いている愛になることを選ぶとき、あなたは自分の中にある源を自分から引き出す。「私はあるもので、ある」が明らかにされるのである。

ここで少しのあいだ目を閉じて、静かに座って、感じなさい。

**＊訳注「第七の封印」** ヨハネに伝えられたイエス・キリストの啓示としての幻視の中で、

神の右手にある巻物には七つの封印がされていて、それらを子羊（「メシア」としてのキリスト）が開いてゆく。「第七の封印」が開かれる様子は次のとおり。「子羊が第七の封印を開いたとき、天は半時間ほど沈黙に包まれた。」新約聖書・ヨハネの黙示録8―1（新共同訳）

リラックスして速度をゆるめなさい。
落ちついた一定のペースで
すべてのことを成し遂げなさい。

## 働いている愛

・・・

あなた方の行為が古今を通じてこれを語る。マスターと呼ばれる人たちは愛を実際に示してきた。あなたに質問しよう。なぜ私たちは賞賛も非難も気にしないのか？なぜ他の意見に影響されないのか？　その理由は、私たちが源の愛に完全に包まれてその中にいるからだ。そしてそのような状態では必要なことが何もなくて、奉仕が当たり前で、何もかもが優しさの実を結ぶからだ。あなたが真の自己を誕生させることに決めると、愛や喜び、永遠の幸福があなた個人に報いる。お金も、食べ物も、必需品も、すべては持って与えるために、今あなたのものであることが分からないだろうか？　いかなる形であれ足りないと語る声に欺かれてはいけない。これは嘘だから。愛そのものである源《ソース》とつながって、自分がその一部であり、一体であることが分かると、これが胸に響くことは絶対にない。我が友よ、あなたの番だ。愛そのものからやってきて、愛そのものなのはあなたである。そのあなたの使命はあなたを通して、神聖な愛を形体の現実に現すことだ。神聖な愛があなたを通して拡大して形になるとき、神聖な愛のことを知らない人たちは皆、あなたのエネルギーフィールドを通してそれに気づくようになる。あなたを見たり、あなたに話しかけたりするときに、あなたを通っている神聖な愛を受け取るだろう。また、あなたという人がこの自然な流れの邪魔にならない、つまり神聖な愛が楽に通ると分かるだろう。

目を閉じて、呼吸して、あなたを通っている愛の流れを感じなさい。

愛は永遠の泉、若さの泉、
そしてあなたの魂の救済である。

## あなたの役割はきわめて重要である

・・・

あなたの役割がいかに重要であるかを理解しなさい。あなたの生命は、純粋な愛が形になるときの乗り物である。あなたは、神性が表現するときの器である。本当の自分について、そしてどんな奉仕をするためにやってきたのかを悟るなら、貴重品などはまったく取るに足りないものだ。

ここであなたの覚醒に反対するエネルギーについて話そう。そのとおり、そのようなエネルギーが存在する。それはすでに現れていて、源から授けられた権利をこの変容の妨害に使っている。愛する人よ、このことを知っておきなさい。このようなエネルギーは、愛にまさる力が存在しないことを十分に承知している。

人間が愛の状態にあるとき、その周波数に長くいられるのは愛だけしかない。したがって、光り輝く自己を輝かせはじめるとき、あらゆる行動を愛に導かせるとき、愛の反対にあるものは何でも反現実化する。多くの人が愛の中で集まるとき、濃密なエネルギーは変容される。したがってあなたには、恐れと欺瞞であるものすべてを止めたり、変えたり、変容したりするエネルギーがある。まさに今この瞬間に、そのエネルギーがあるのだ。

そのエネルギーを吸い込みなさい。

感情体、精神体、肉体の浄化を助けるための手段《ツール》があるので、ぜひそれらを使ってほしい。

そのような手段を利用すると、あなたの形体そのものに、内側から愛をより多く定着させて表現するのを助けることになる。愛する人よ、理解しなさい。定着させるというのは、上から下へということではない。内から外へ、反現実化から現実化へ、形体のないところから形体へということである。

静寂は、あなたのために鏡となって
あなたが心の底に隠したものを映し出す。
静寂は、あなたの最高のガイドである。

## ハートを満たすこと

・・・

あなたの務めについて、そして形体に入り込んでいる優しさにどう貢献するかについての話をしよう。この惑星上の一人一人には任務があって、その任務とは内なるハートに忠実なことだ。内なるハートが真実への道だからだ。ハートそのものの中には、あなたが許しさえすれば起こりうる現実の多様な流れが存在する。なぜなら、これらの贈り物は、あなたに押しつけられることがないもので、「一なるもの」(the One)の本質から創られる現実だからだ。これらの現実は、あなたの想像を超えた楽園だ。祈りで呼び起こされたあらゆる夢も、すべての人の幸せに対するあらゆる答えも、これらのエネルギーを解放する鍵も、あなたの内なるハートの中にある。

愛が流れるままに愛の欲求に従って行動するたびに、「ワンネスの青写真」を形体の現実にもっと放出する。だれかが愛の中で行動するときは、いつも内側ではすでに完成しているものを放出している。あらゆる行為が、物質的な生命のキャンバスに描いているあなたである。地上にいる一人一人が愛になって行動するとき、現実の構造機構そのものを変えている。あなたがその鍵であること、そしてあなたがその贈り物であることが分からないだろうか？　古代の人たちが願い求めたのはあなたである。長きにわたる幾多の文明が「この世界や他の世界を変容しにきてください」と祈ってきた相手はあなたである。必要なのはあなたが働いている愛になることだけだ。リラックスしなさい。微笑みなさい。親切にして癒しなさい。困っている人の役に立ちなさい。自分の感情を尊重しなさい。あなたの豊かさを外へと輝かせて、あなた本来の姿である愛そのものになりなさい。そうすれば、あなたが知っている現実は変容する。

準備ができているのに、なぜ待っているの?

## 疑いを超越すること

・・・

ところで、ひょっとしたら声があるかもしれない。どこからともなく現れるように思われる声である。しかもこの声は、罰せられなければならない罪や報いについて語る。これは偽りの声なのだが、あなたのマインドに疑いの種を置いていくかもしれない。この声が素晴らしい自己に近づくのを拒むことを、愛以外のものが入るのを拒むことをお勧めする。拒むとはどういうことか？　あなたを通して花開く愛と真実を支えないものに注意を払うのをやめることだ。愛は、あなたがあらゆる瞬間に感じていることをそのまま尊重するのだが、投影も非難もしないで、ただ許すだけである。「許すこと」は、自分の感情と共にいることを示していて、自分の感情と共にいると真の自己が重苦しさを軽さに変容する。エネルギーの勢いを、あなたにとって不利になることから役立つことへ、また抵抗から流れへと変える。真実が表立って輝きを放つのは、そのようなスペースからである。

注意を払うことによって何を入れているかを、はっきりと意識していなさい。そして、どこかが間違っていることを確信させようと全力を尽くす声に、敏感に気づいていなさい。そう、個人の性質の中には調整手段がつくられている。だが、間違いは裁いているしるしであり、裁くことは恐れの手段である。この声は、もしあなたが耳を傾けるなら、あなたによって生まれる真実、すなわちあなたが自らの生活はもちろん世界を癒す愛の力を持っているという真実を鈍らせるだろう。この声は耳を傾けるときにだけ力を持つ。あなたが注意を払うときにだけ力を持つ。その手段は溜め込むことや裁くこと、比較、貪欲さである。愛が働いているときの声は親切や分かち合い、支援、一体感である。油断のない神聖な人になりなさい。働いている愛にすべての注意を向けなさい。そうすれば、その真実があなたを通るのを感じるだろう。

その人のようになりたいと思う人たちと
いっしょに時を過ごしなさい。

## 直接体験

**私は**今、あなたに勧めるところ**である**。
祝福を、いわば贈り物を
受け取りませんか。

私の手をあなたまで伸ばすので、
あなたはただ目を閉じて、
リラックスして、呼吸するだけでよい。

ここで少し時間をとって
祝福を受けてください。

## 直接体験

・・・

さて、愛しい人よ、そのことに説明が要るかな？　この瞬間にあなたが直に体験したことを言葉でとらえられるだろうか？　愛しい人よ、このことを知っておきなさい。たった今体験したものは、あなたの本質の実在(an essence)なのだ。これは、いついかなるときでも、あなたの手が届くところにある。あなたの内側の扉を開ける鍵はもう必要ではない。もはや開けるべき扉がないからだ。明確な意図をもって、あなたの内部からこのエネルギーを呼び出しなさい。そうすれば、それはなされる。いつどこで呼び出そうとも。

今や周波数が増大されて、たった今あなたがさらに定着させたからには、私たちは本当のあなたについてのより深い現実と経験に移ることができる。**私は**この情報を私の弟子を通じて伝えている最中で**ある**が、同時に**私は**次元上昇したキリストのエネルギーを弟子の意識と混ぜ合わせつつ**ある**。こうして、これらの言葉で伝えられているエネルギーは順を追って、あなたの現実にたどり着く。あなたの現実とは、あなた個人の人生経験である。これらの生きている言葉を読むと、内なるキリストの光は活性化され、表現するためのスペースを与えられる。あなたは、今あなたがしていることをやめる必要もなければ、本当のあなたに満ちて輝くために山へ駆け上がる必要もない。物事は変わるかもしれないが、本当のあなたになって輝きを放つために劇的なことをする必要はない。ここでの目的は、あなたがこの光をあなたの現在の人生表現に混ぜ合わせることだ。そうすることによって、あなたは自分が生きている世界の共同体そのものを変容することになる。じつはすべての人は異なる現実に住んでいるので、もし一人一人をそれぞれの光の洞窟に導くことが私たちの目的であれば、とてもアンバランスな世界になるだろう。私たちは共に内側から洞窟を活性化する。究極の平和であるこの洞窟は、常に内側に存在した。それを深く探求することで、あなたは他の人たちが入れるように扉を開ける。だれでもあなたの道を横切るときに、あなたの存在そのものから放たれる輝きを感じて、自分にはないと思い込んでいるもので、あなたにあるのは何かと不思議に思うだろう。あなたに質問する人もいれば、ただ眺めるだけの人も、またあなたから離れる人もいるだろう。

忘れてはいけない。あなたはとても多くの理由からここにいる。道に迷った人たちに奉仕するためにここにいる。

あなたの未来を意図せよ、
あなたの過去を超越せよ、
ここが平和な生活への最前線である。

## 任務

・・・

人類を黄金時代へ導くために送られてきたのはだれだと思う？　何十億もの魂が存在していて、その一人一人が愛されたいと叫んでいる。一人一人が経験の、そして絶えず形が変化するこの世界に目的があることを知りたいと叫んでいる。あなたの目がこれらの言葉に注がれている事実こそ、やってきたのはあなたであるということの証である。

これは何を意味するのか？　人類のために任務を果たすには何をしなければならないのか？　あなたが今日やるべきことは、あなたがこの世界に生まれるずっと前にあなたの内側に置かれた道具を使うことだ。あなたの道具は、あなたが今という瞬間に存在するときに完全に現れ出る。

真実は便宜のためには変わらない。これまでの経験にかかわらず、また他人に何を言われようとも、あなたのマインドが何と言おうとも、真実は内に在る。ここにいて、今この瞬間に集中し、あなたの感情を尊重し、内側にある道具を使ってあなたの贈り物をありのままに輝かせなさい。

あなたの意識が今この瞬間にあるとき、人類に伝えられるべきあなたの贈り物はたやすくやってくる。

喜びは自然にあふれ出る。ここで話している「喜び」は、あなた方の書物で定義されている喜びではない。それは正反対のものが何もなくて、変化で揺れ動くこともなく、常に同じ喜びである。今この瞬間に、このスペースにアクセスするだけでよい。今私たちに分かっていることは、愛やたやすさ、流れ、恩寵と正反対のエネルギーには勢いがあるので、このエネルギーを変える必要があるということだ。このエネルギーはあなたの信念体系からつくられてきて、あなたの個人生活の経験に現れている。私たちといっしょに、あなたの中にあるその信念体系を変容しよう。こうすれば、あなたは日常生活の経験を通して、あなたという存在についての真実を知ることも表現することもできる。

「正反対のものを何も持たない喜び」と述べたが、この言葉があなたの個人的な経験にとっては意味をなさないかもしれないということを、私たちはよく理解している。私たちは、久しく利用されなかった機会をあなたに開放する。私たちが提案しているのはこういうことだ。あなたはこの瞬間に、自分がこの対話を読んでいて、そして／あるいは聞いていると思っている。あなたから見ればそうだろう。だが見晴らしのよい全く新しい観点から見たほうがよい。新しい目で見ると、新しい観点があなたの気づきを広げてくれるからだ。今ここで話していることをあなたが理解できるかどうかは問題ではない。あなたの個人的な経験で意味をなすかどうかは問題ではない。肝心なのはあなたの同意であって、これらの言葉を通して流れているエネルギーにあなたを変容させること、そしてまだ体験したことがない気づきを起こさせることである。

なにしろ、今流れているこのエネルギーは、どの人に対してもその人が現在もっている意識の状態から気づきを促進するのだからね。したがって、もし自分がほとんど分かっていないと思うなら、このエネルギーはその状態から気づきを拡大するだろう。もしよく知っていると思うなら、その状態から気づきを拡大するだろう。あなたは今ここにある美しさを見ることができる。今ここに在ることを経験しているとき、あなたは変容していて、気づきも拡大している。「**私はある**」というものが、この本の音と文字の中にロック解除のコードを配置してきた。私たちはいっしょに、あなたの明晰な気づきを縛りつけ、真実への洞察力を覆い隠してきた信念を解き放している。

とても長いあいだ、あなたは隠れ続けて、何か予期せぬ力を防がねばならないと思ってきた。ずいぶん長いあいだ、あなたは自分を愛以外のものだと思ってきた。もう目を覚ますときだ。

## 直接体験

今、感じなさい。
そう、今まさにこの瞬間。
この瞬間に私たちが
いわば万能薬《エリクシール》を一気に注いでいるから。
分離の幻想に効く薬であり、
何もかもが素晴らしい自分以外のものに
見えることに効く薬であり、
この夢からようやく覚めるための薬である。

目を閉じて、呼吸して、感じなさい。

言葉の中で胎動が始まる。
あなたの内なる呼びかけに従いなさい。
なぜなら、愛しい旅人よ、
この瞬間は、あなただけのものだから。

## 内なる鍵

・・・

あらゆる経験の中に、あなたの本質そのものである生命力が存在する。愛しい人よ、あなたは自分が気づいている範囲内で踊っていて、ずっとゲームを続けているにすぎない。マインドがこのことを完全に受け入れることはないだろう。だから私たちは、あなたの内側から「ワンネスの青写真」を活性化する鍵を提供してきたのである。ワンネスが人びとや出来事や物事の経験を取り除くことはない。それどころかワンネスはそれらを増進する。というのは、万物をつなぐ一体性にはっきり気づいているときには、世界と万物についてをその中で経験することは、マインドには生み出せない驚異になるからだ。

「ワンネスの青写真」のコードの鍵を発見した人たちが歴史上に存在する。彼らはそれを見つけると、すぐに自分のその側面に身をゆだね、そしていわゆる悟りを開いた者になった。そのとき経験していた「今」の中で涅槃《ニルバーナ》を生み出したのだ。

その鍵はさまざまな形で現れうる。マスターからの祝福によって鍵を受け取るかもしれないし、悲劇を通じて鍵を活性化するかもしれない。あるいは霊的な修行に生涯を費やすかもしれない。

その理由は、次元上昇したマスターの私たちが源への奉仕において、幻想の中で道に迷っている最愛の兄弟姉妹のために、私たちの本質の奥底から祈りを送り出したからだ。言葉を持たない祈りが、人類を自己破壊から救うために、そして各自の内側から真実を再び生み出す手段と機会をできる限り与えるために捧げられた。あなたが源《ソース》と呼ぶものによって、このエネルギーは愛そのものの祝福のために大衆に公開されるべし、と命じられた。その愛が「あなた」だ。これはそのような贈り物の一つ、その祝福の一つで、今あなたの手の中にある。このエネルギーの中にこそ、すべての人のために愛そのものになって愛だけを表現する人たちの光り輝くハートからの贈り物がある。私たちは真実に目覚めて、言葉では表現できない驚異を経験しているが、この現実はあなたにとってもすぐ手の届くところにある。

今ここで私たちに加わり、エネルギーがあなたの肉体を通っているのを感じなさい。目を閉じて、呼吸して、感じなさい。

忘れないで。
宇宙のエネルギーは
あなたの手の中にあるのだよ。

## 活性化

・
・
・

これはほんの始まりだよ。それぞれの人が「ワンネスの青写真」とつながると、ただそこにいるだけで周りのすべてのものを変容する。一体化が明らかに示されて、その一体化の中で愛とたやすさ、流れ、恩寵があなたを通して花開く。愛は本当のあなたを示すいちばん近い言葉だ。たやすさと流れはあなたの自然な創造のやり方であり、恩寵はあなたの人生を通して表現するものである。

大量の形体を創ることが決まる前に、唯一の源は、源のない人間一人一人の内側に鍵となる故郷を置いた。この故郷は帰る場所ではない。それは存在の状態、すなわち本当のあなたでいることで、正反対のものが何もない状態である。あなたはこのエネルギーを取り込んでいるが、自分自身を全体から分離した部分として経験している。あなたは名前を持ち、ある種の肩書を持ち、自分を特定の方法で表現することを選んでいる。だがそのすべての裏にこそ、命そのものであるワンネスがある。

生命を与えるもの、すなわち名前や形体の裏にあるものは真実である。つまり唯一の現実である。今あなたに内在している鍵は、荘厳な自己に入れたままにしていた制限から信念体系を解放する鍵だ。源はその子ども、つまりその個別の表現が形体で踊るうちに、それ自身の内側で忘れて迷子になることが分かっていた。源は、子どもが本当の自分を見つけるために、父親を探して次々と形体を創り出すことが分かっていた。だからこそ、源は子どもの中に源を置いた。それが鍵である。つまり源が鍵であり、源は「今」に存在する。イエスとマリアは内側から「ワンネスの青写真」を活性化した。モーゼも然り、仏陀も然り、そして今あなたがいる。このことがあなたの人生にどのような影響を与えるだろうか？　あなたがこれを理解できるよう簡単に説明しよう。あなたには身体、独特の人生の表現、道、この世界に持ち込むべき贈り物がある。この活性化のおかげで、あなたが今創造している形体と行為と経験はどれも皆、あなたという美しさをもっと増やすことになる。その美しさが、まさにあなたの本質の中にある真実だからだ。

あなたが見たことのある驚異のすべては
美しいあなた自身を表現したものである。

## 私はあるもので、ある

・
・
・

それは何度も繰り返し人類全体に伝えられてきた。源《ソース》はその創造物と一体である。あなたの形体も、人生経験も、友達も、あなたが見て感じられるすべてのものが源である。源を経験しにいく場所はどこにもない。源はあなたという人を通じて活動している。源はあなたが内なる真実に目覚めることを定めていた。あなたは源と分離していないし異なってもいない。あなたの目覚めを邪魔しているものは、分離しているというあなたの思い込みだけである。あなたは源からのこの贈り物の中で、あなたを縛って目覚めさせないようにしてきた信念を変質し変容させることができる。この目覚めの中で源があなたの経験そのものを通して現れるので、人生が全く新しい意味を持つようになる。源は手元にあるのだよ。源や神や女神は、神聖な書物に記された言葉として扱われてきたが、そのようなものではない。というのは、源というものを定義しようとすると、その瞬間に源というものの真実性が失われてしまうからだ。私たちは、あなたが直に体験するものを定義するつもりはない。直接の体験とは、ここであなたに提供されていることである。このやり方なら疑いを残す余地がない。あなたは、あなたにとって完璧な方法で、しかもマインドには分からない方法で分かるだろう。それはあなたを脈打ち、あなたの目を通して輝くので、あなたは全く新しい視点で見ることになる。いいかい、源はあなたのハートの欲求を知っている。すなわちあなたが本当に求めていることを知っているので、あなたが夢から覚めることを定めていたのだ。その目覚めの中で、あなたは活動している愛の光と共に、あらゆるものを自然に祝福するだろう。「**私はあるもので、ある**」

今、心の中で（声を出さずに）この言葉を繰り返し、そしてこの言葉を感じなさい。あなたが完了したと感じるまで何度も「**私はあるもので、ある**」と繰り返すときに、私たちが愛の炎を付け加えるから。

**そうである、そうであれ**。

あなたはすべてを焼き尽くす炎で洗礼を受けている。
その炎にあなたを焼き尽くさせなさい。

## プロセスを支えること

・・・

「ワンネスの青写真」を個人の生活に定着させるために、以下の七項目に集中することをお勧めする。

### 1 与えること

数えきれないほど言われて、何度も繰り返し証明されてきたのが、「与えよ、さらば与えられん」[*]である。あなた以外にはだれも存在しないので、あなたが自分に与えたくなければ、自分から受け取ることが自動的にできなくなる。あなたはとても多くのものを持っている。微笑みを与えなさい。抱擁を与えなさい。美しさを認めなさい。あなたより持っているものが少ない人たちを支援しなさい。すなわち、与えなさい、与えなさい、与えなさい。愛する人よ、何を与えるかは問題ではない。どのように与えるかが問題なのだ。正しい行為だと考えて与えるのであれば、まだ自分という存在の本質をとらえそこなっている。愛そのもののために与えたほうがよい。与える行為すべてを愛で満たして、与える喜びのためだけに与えたほうがよい。とても多くの人たちが愛されることを求めていて、とても多くの人たちが万物と自分は一つであることを忘れてしまった。その溝を埋めて、生き方を変容させて、眠る者を起こすのは働いている愛である。今すぐ始めて、働いている愛になることから生じる美しさと恩寵を味わいなさい。私たちの言葉を鵜呑みにしてはいけない。自ら試しなさい。直接確かめなさい。自分で経験しなさい。

## 2 受け取ること

流れの中にいると、人生が楽なことに気づくようになる。このような流れは万物と一体の愛や、今この瞬間にあなたが得られる愛を通して、流れそのものを生み出す。あなたが他人に与えているときには、万物の美しさに敬意を払っている。すると自動的に、その行為に備わっているエネルギーを受け取るのである。このエネルギーは感情を通してやってくるのでそれを味わうときには、その瞬間にその感情をあなたに行きわたらせなさい。その感情が喜びの感覚で身体を活性化するからだ。あなたの肉体を通っているそのエネルギーは磁気が強いので、あなたが一体感や喜び、豊かさをあらゆる面で味わうために必要なものは何でもあなたに引きつける。人生を支えるものが前触れもなく現れるから、豊かな人生を味わうために何も努力する必要がないことが分かるだろう。源の豊かさのために求められたのは、身体にいるあいだに源の愛を与えることと源を経験することだけだ。この接続先は今というとき、すなわちこの瞬間である。したがって扉は開いている。ようこそ……。

## 3 感謝

じつに単純なことだ。何を経験しても「ありがとうございます」と感謝していると、ワンネスが存在する瞬間に気づくようになる。感謝によって堰《せき》を切ったように、際限のない喜びと一体感を直接体験する。あらゆる形体とあらゆる経験をあなたの一部として認めると、分離が支配力を失う。感謝という手段はたいていの人が思っているよりもはるかに優れた道具なので、常に用いると人生の驚異が姿を現し、喜びがあなたの伴侶となる。

## 4　呼吸すること

呼吸は、存在するすべてのものに浸透する静けさへの窓である。愛しい人よ、とにかくあなたは呼吸していて、常にこの道具を使っている。だが私たちは、意識的に呼吸する機会をあなたに与えよう。何をしていてもそのあいだは呼吸に少し注意を向けるだけでよい。マインドは、生命活動において生産的に機能できない、あるいは同時には呼吸に集中できない、と反発するだろう。これは真実からは程遠い。意識的な呼吸のコツを練習するにつれて、あなたの内外で動いているエネルギーとさまざまな周波数にますます気づくようになる。

もっと柔軟で優雅な行動が、楽に努力せずにできるようになる。これについても、自分自身で試して確かめなさい。

## 5　リラックス

これは形体の体験を通してワンネスを定着させるために不可欠である。リラックスすることは非活動とは関係ないが、活動とは大いに関係している。あなたが自分のしていることに集中すればするほど、体がゆるみ、頭も休まる。したがってあなたはその場に存在する。困難な状況を経験しながら、なおもゆったりとしていられる。リラックス状態に入る方法は呼吸である。呼吸して、体の内部のエネルギーを感じなさい。そうすれば自動的に緊張がゆるむだろう。日常生活でこれを行って、どうなるか見てみなさい。

## 6 許すこと

すでに起こってしまったことに対しては消極的な服従が欠かせない。許すまでの主な手段は感じて受け入れることで、そうすると自然に許すことなる。許すと、万物とのワンネスに開かれ、内なる現実に気づくようになる。許すことは、状況を変えないことを選ぶという意味ではない。どんな経験でも贈り物が差し出されているので、それを十分に受け取る権利を自分自身に与えるということを示している。だからそのスペースからは、優雅に楽に状況を変える選択がいくらでもできる。どんな経験にも途方もない機会があるので、あなたが自分の内側でワンネスと一体化してつながるとき、あなたの外側にあるものは変化する。なぜ？　外側の経験がその変化に気づいても気づかなくても、ワンネスはワンネスに応え、愛は愛に応えるからだ。あなたが一体化した地点に到達しているときには、分離の幻想を変容してワンネスに戻そうと宇宙全体が最大の推進力で押し寄せるのである。

## 7　私はあるもので、ある

一体化によって活性化されたワンネスが表現されたのが、「私はあるもので、ある」。一なるもの（One）の核心が決まり文句になった。キリスト意識、仏性、「私はあるもので、ある」。この言葉は、これを積極的に使う人にそのような祝福を与えることになる。ここでの鍵は、すべてを祝福して世界を変容するためにこれを使うことだ。「私はあるもので、ある」の中には、その言いまわしが形を取る手段と本当のあなたのすべてがある。すべての存在とのワンネスを通して一体化を実現する目的で「私はあるもので、ある」を繰り返し唱えると、すべての創造物へ莫大な利益をもたらすことになる。

さて、あなたが日常生活でこの七つを使いはじめると、素晴らしい変容があるだろう。あなたの地上の楽園に必要なことがすべてあなたに与えられる。ここでの狙いは、あなたがこの光を、現時点での人生表現に溶け込ませることである。そうすることによって、あなたは住んでいる世界の共同体そのものを変容することになる。私たちと共に内なる洞窟を活性化しよう。私たちがここで言っている「洞窟」とは、あなたの本当の故郷を表す比喩である。故郷というのは、あなたの本当の存在状態を表す比喩である。

至上の平和というこの洞窟は、あなたのためにずっとそこに存在していた。あなたがこのスペースに溶け込むとき、あなたは他の人たちが入るためにこの扉を開ける。もう一度言うが、だれでもあなたの道を横切るときに、あなたの存在そのものから放たれる輝きを感じるだろう。そのとき、自分にはないと思い込んでいるもので、あなたにあるのは何か不思議に思うだろう。あなたに質問する人もいれば、ただ見るだけの人も、あなたから逃げる人もいる。あなたが多くの理由でここに存在していること、そして道に迷った人たちのためにここに存在していることを忘れてはいけない。神の法則が人類を黄金時代に導くために送ってきたのはだれだと思う？　何十億もの魂が存在しており、その一人一人が経験の、そして絶えず変わっていくこの形体の世界に目的があることを知りたいと求めている。あなたの目がこれらの言葉に注がれている事実こそ、やってきたのがあなたであることの証《あかし》である。

私たちは人類全体のより大きな善のために一丸となって働いている。輝く光の中に住む私たちの目的は、あなたの内側で、あなたの注意を大いなる目覚めへと促すことである。それが劇的である必要はない。それどころか、むしろ握手や抱擁、微笑みのようなものだ。じつはすごくシンプルなことだ。**私は**今、友情とすべての人のために、私の手を握るようあなたに提案する。この握手で、次元上昇した者のハートから愛の光を受け取って、人生のあらゆる面に触れさせるという同意がなされるのである。

そのような光の移動中に、私たちはあなたが神聖なハートから与える能力を促進する。これは別に気まぐれではない。私たちはまさしくこの瞬間を予知していたのだ。私たちは、形体の現実の中で「意識の覚醒」と呼ばれるこの劇において、私たちの役割を演じることに同意している。

あなたは、あなたの役割を果たすことに同意しているので、私たちと一つになって役目に就いて、そして使命を果たすだろう。

**＊訳注「与えよ、さらば与えられん」**「人《ひと》に興《あた》へよ、さらば汝《なんじ》らも興《あた》へられん。」新約聖書・ルカ傳福音書6—38（文語訳）

## 直接体験

今この瞬間に
光の活性化を始めよう。

少し時間をとって
目を閉じて、呼吸して、
あなたを通っている
エネルギーを感じなさい。

あなたは純粋な愛と光の化身だよ。
自由を演じるより犠牲を演じるほうが
エネルギーを必要とするからね。

## 現れる

この惑星上の人はだれでもその人なりに現れている。明瞭な意志を伝える手段によって現れているとき、愛や恩寵、たやすさ、流れが人生で自然に、また頻繁《ひんぱん》に起こるようになる。あなたがコントロールの放棄を認めると奮闘がその手綱を放すので、現れることの真相がつかめるようになる。

形体の世界には現れるための方式がある。あなたはそれを毎日、しかもほとんど無意識に使っている。だが、はるかに簡単な別のやり方がある。それは手放して内なる源にやってもらうことだ。この惑星上には、顕現の秘訣を知らない者はこれまで一人もいなかった。すなわち微笑みや笑いの形をした美しさ、そして／あるいは源への感謝を一瞬たりとも手放した者はこれまで一人もいなかった。あなたは豊かさを創造して表現するために来たが、とても深刻になってしまった。深刻さは重さでもある。この重さがあなたの創造物、つまりあなたが経験しようとするものを圧迫するのだ。手放して内なる源に道を案内させなさい。鍵となるのは、内なる静寂のスペースの中に存在して浸ることだ。そのスペースからは、あなたが何をすべきかが正確に分かるだろう。内なる静寂が導師《グル》であることを忘れてはいけない。「光の奉仕者」と呼ばれる人たちが存在していて、目覚めの道にいるけれども、そのほとんどが道を支える何かに欠けている。あなたが内なる源を発見するのは、まるで海の最深部の表層に触れるようなものだ。あなたが源、すなわち内なる静寂の中へますます深く溶け合うにつれて、あなたの周りの形体（人たち）は皆おのずとうまくいくようになる。あなた自身の基盤を内側に置きなさい。そうすれば実り多い生活に必要なものすべて折よく現れる。だがマインドは、これを正当なことだとは認めないだろう。マインドはハートに結びつくまで真実の正しさを認めようとはしないものだと思いなさい。

愛する人よ、ほら、人生は壮大な目覚めを支持して変化に変化を続けているよね。それは、あなたが平和を祈ってきたからだ。あらゆる点であなたの道を支えるために人生が流れるようにと祈ってきた。愛の光を願い、愛の光があなたの経験のすべてに現れることを求めてきた。そのときは今、まさにこの瞬間にあなたの頭上にある。一人一人が自分の人生を変容するにつれて、自動的に地上の楽園を定着させることになる。私たちは、地上で知られているように、今あなたに差し出されているこの機会を記してきた。

愛を選ぶ人が十分な数になってきたおかげで、内奥から光を堰《せ》き止めていたものが解けてきた。まだそれほど多人数で光の波を経験していないが、光の波を定着させる意志がある人たちにとっての好機が見える。この光の波は内奥からそれ自身を生み出すだろう。私たちにこの誕生のプロセスを手伝わせなさい。私たちを産婆とみなしなさい。私たちがあなたの手を握り、あなたの姿勢を整えて、穏やかな出産のためにあらゆる方法で手伝うから。「ワンネスの青写真」は、源に満ちる体験がない人たちには分からない方法で繁栄の門戸を開くだろう。現れるのは源だけ。機会をつくるのも源だけ。そしてあなたの人生を変容するもの、それも源だけである。

「ワンネスの青写真」は計り知れないほどの恩寵である。なぜなら、あなたが創造しようとするものは、すべての最善のために、自動的に全体に役立つところから来るからだ。「ワンネスの青写真」は、あなたに必要なことをすべてそのような意識から引き出して、あなたの中を通っている崇高な創造物を定着させて現実化する！

おめでとう。

# 御心が行われますように*

・・・

愛する人よ、この事実に気づきなさい。イエスは源《ソース》がすでに何もかも世話していると知っていた。源はすでに最善を命じていたので、イエスは何事もそれに基づいて、彼自身を経由させただけだ。何も抵抗しなかった。というのも彼は一なる源の目を通して見て、彼の前に展開されたあらゆる行為の中に完璧さが見えたからだ。彼には自由意志があったのだろうか？　もちろんあったが、彼は源の意志を選んだ。そして源の意志を選んでいるうちに、内なる源に目覚めたのだ。御心が行われますように！　これは人類への贈り物の範疇を超えた贈り物だった。エゴは多くの人をだまして、「御心が行われますように」と言うと奴隷のようになると信じ込ませてきた。あなたもそう思い込んできたためにエゴの奴隷になっている。「御心が行われますように」は源の恩寵で許すこと、すなわち形体の現実にいるあいだにエゴを源の完全な気づきに超越させることだ。それは、あなたの行いを愛情あふれるものに変える贈り物だ。それを使えば、あなたは奮闘も苦労もせずに、心の内で知っている最大の善への貢献ができるのである。源にあなたの道を導かせるとき、あなたは自動的にあなた自身とすべてのために最大の善を選ぶだろう。愛しい人よ、とにかく、あなたは源を十分に理解し始めている。「御心が行われますように」は、奮闘をやめて人生が完全にたやすく優雅になることになぞらえられる。

**＊訳注　「御心が行われますように」** 新約聖書・マタイの福音書26—42（新共同訳）

## 直接体験

これから少し時間をとって
目を閉じて、呼吸して、
そっと繰り返し言いなさい。
「内なる外なる源よ、御心が行われますように」

では、いくらか時間をかけて
あなたが直に体験したことについて書き留めなさい。

そうすることで、その体験を
あなたに定着させることを支えられる。

あなたが感じることを信頼しなさい。
それはその瞬間に、あなたを通して語る愛だから。

## 内なる静寂のスペース

・・・

静寂のスペースというものがある。この瞬間にも人生のどの瞬間にも存在するものだ。あなたが混乱を認知し理解することができるのは、その静寂のスペースのおかげである。混乱は疑いのもとで、疑いは混乱の母だからだ。だが静寂にはそのようなことはない。けれどもあなたは静寂の瞬間に、マインドが瞬時に情報を取り込んで、それを理解しようと細かく分析する様子を観察するかもしれない。それは苦痛を生み出すものをあなたが探し求めているということだ。これまでに理解したことは、いったいあなたをどこへ導いてきたのか？　それはさらなる問題という新天地にあなたを連れてきた。しかもそれらの問題をさらに理解しようと探し求めて、その旅には終わりがない。問題のない者は、本当に自由である。

では、この話を続けよう。「幼な子のようになりなさい」と言われなかっただろうか？　幼い子どもは、人にどう思われようと気にしない。自分のことを人に認めてもらう必要もない。だれもが個人的見解に基づいてあなたを見るので、大人になったあなたがその見方を認めると他人の見解にエネルギーを与えて、その見解をあなた自身に結びつける。あなたの内側の静寂に、本当のあなたを示させなさい。あなたの内なる源は裁かない。

源はあなたを支え、あなたを明らかにし、あなたを通って、そして素晴らしい人生に必要なことをすべて供給する。私たちはあなたにこう質問する「あなたはずっと自分でコントロールしてきたけど、それでどうなった？」。あなたは奮闘するはめになった。日々あれこれと奮闘するのは、いったいだれのため？　奮闘する必要はない！　奮闘するのは何のため？　すでにすべてがあなたのものだ。すべてはエネルギーであり、エネルギーはあなたの選択と注目に従って意のままに動くからである。このことをもう認めなさい。そうすれば人生は驚くほど変わるだろう。あなたが内なる源にあなたを導かせるとき、実り多い人生に必要なすべてのことが、たやすさと流れと恩寵と共に現れることを忘れてはいけない。

じつは、次の真実は昔、いわゆるマスターによってこの世界に与えられたのだが、今でも同じ真実が伝えられている。あなたの人生で流れを増やす方法の一つはユーモアである。だからユーモアについて話そう。ユーモアはあなたが持つ最高級の贈り物で、あなたの人生の重苦しさを癒して追い払う力を持っている。あなたの世界には笑うべきことが山ほどあり、祝福すべきことも山ほどある。あなたが人生のことでそんなに深刻にならなければならない理由が本当にあるのだろうか？　確かに、他の場合よりも深刻さに集点を合わせなければならない場合もある。このことは私たちも認めよう。だが、あなたは深刻さがあなたに影響すると本気で思っているのだろうか？　たとえそうだとしても、あなたが人生の中にユーモアを探すときには、まず確実に見つかるものだ。しかもそのユーモアがあなたを通るようにするときには、あなたの周りのエネルギーは驚くほどシフトする。多くの人はいまだに夫あるいは妻、友人、マスメディア、他人に、自分という人間を証明させることを許しているため、ユーモアの感覚を失ってしまった。あなたの中の一なる導師《グル》（the One Guru）からの確認を引き出して、他人の意見を手放しなさい。いいかい、世界中のガイドや導師が、内なる源につながるようにあなたをサポートしている。内なる源を外へ出してやりなさい。そして、あなたの内側のその面に身をゆだねて、人生という奇跡を目撃しなさい。この瞬間にあなたの内外のスペースの波動を感じなさい。あなたが神聖な波動を流すようになるにつれて、あなたの波動は分離を超えた周波数に上昇するから、分離はその瞬間に消滅する。だが、理解しておかねばならないこともある。そもそも分離はそこに存在しなかったのだ。言い換えるなら、分離はただの概念であってそれはただの周波数、つまりマインドから生じたエネルギーの波である。あなたが愛の波動を増加させるにつれて、恐れは身体の中でそれほど重くなくなる。

あっという間に人類は総じてこの惑星全体のために愛のエネルギーを使いはじめるだろう。たとえば総合的な癒しのために、ある場所から別の場所への移動のために、あなたが毎日使う動力で動かす必需品すべてのために。愛が何にでも使われるということの事実は、世界のさまざまな場所でマスターたちによって何千年も現実のものとなってきた。だが、あなた方のマインドにできるのは、その概念を受け入れることだけだ。もし足が折れたら、あなたは医者へ行くだろうからね。そして医者が投与するものを受け入れるだろうが、まもなく骨折しても自分の波動で治すようになる。その骨折はどうやって治るのだろうね？　将来、骨折は起こらなくなる。完全な気づきと愛の深さがあなたを事故というものから守るからだ。だが、あなたはこのために何年も待つ必要はない。というのは、私たちが加速した成長への門を開けてきたからであり、次元上昇したマスターたちに目覚めのプロセスを支えてもらうことを選ぶ者にとって、それは成就したからである。あなたは今ここでそのことを告げるだけでよい。私たちが今この瞬間にあなたのそばにいるので、プロセスの活性化に必要なことは、私たちの贈り物にあなたが「はい《イエス》」と返事をすることだけなのだから。

創造すること、そして創造的であることは
あなたの性質である。
呼吸して、感じて、その瞬間に存在しなさい。
そうすれば、自由はあなたのものだ。

## プラクティス

・・・

プラクティスについて話をしよう。この世界でプラクティスでないのは何か？忘れるにはプラクティスが必要だった。頑固でいるにもプラクティスが必要だったし、また本当のあなたを思い出すにもプラクティスが必要である。私たちの視点から見たプラクティスはあなた方のプラクティス*と同じではない。プラクティスは「最高の結果のために与えられた選択に一貫して注目すること」と定義できるからだ。

愛する者よ、あなたは内なる源に注目しつづけながら、内なる源を引き出して、人生で表現する。それは私たちが行動中にすることで、私たちの行動にはそれしかないが、この唯一の行動が先頭に立って何でも世話をする。だが、あなたは自由意志を持っていて、選択の自由も持っているのに、あなた方の集合的な選択がつくり出してきたことを眺めている。私たちは、ここであなたを批判しているわけではないからね。だが、あなた方の集合的な創造の事実はそのまま残っている。空気を維持する森や、あなた方の身体を維持する水や、あなた方を愛で抱きしめている地球は、貪欲さと恐れによってすっかり脅かされている。このすべてを変える時間はある。神、すなわちあなたを通して輝いているものは、この世界を変容させるものだ。それはこの惑星を変えていく愛のエネルギーであり、あなた方の集合社会を変容させていく愛のエネルギーであり、それはまた、あなたの魂を照らす愛のエネルギーである。

愛は、私たちが話しているとおり、マインドで理解できる範疇をはるかに超えている。内なる源から生じる愛、すなわち窮乏と貪欲さに汚染されていない愛は、変えるのが不可能に思われるすべてのことを変える愛である。不可能と思われることは何でも、あなたの内なる源の愛によって可能である。なぜアバター（化身）やマスターたちは、あなたのために世界を変えてこなかったのか？　その理由は、あなた自身がそうする力を持っていて、もうその真実に目を覚ますときだからだ。あなたの中には、イエスが持っていたのと同じ愛がある。それは死者を起こして命のなくなったものに命を与えたあの愛である。

あなたが内側の豊かさに目覚めるのを手伝う用意がある、と私たちが言うときには本当のことを話している。すべての最善のために絶えず源に呼びかけて、惑星的変化を生み出す力を求めてきた人たちを集めている。あなたの祈りに応じて、贈り物を運んでいく。愛する人よ、あなたには苦しむ魂たちや道に迷った魂たちに癒しをもたらすエネルギーがある。人類の集団の目覚めを支えるために必要なすべてのものが内側にある。今これを読んでいるあなた、あなたの役割は不可欠である。それどころか、あなたは触れるものすべてに変化を起こす者としてやってきた。この世界の枠組みの中で「ワンネスの青写真」を活性化することになる大勢の人といっしょに、今までにない癒しの光の波を創ろう。共に地上の楽園を実現しよう。邪魔できるものや邪魔するものは何もない。その道から障害物がすっかり取り除かれたからだ。

**私は**聖ジャーメインで**ある**。**私は**この世界であなたと共に歩んできた。**私は**あなたと話し合い、いっしょに計画を立ててきた。そしてそれらの計画は実を結びつつある。聖ジャーメインである者は、あなたに次のような約束をする。「私の手を取りなさい。いっしょにこの人生で恐れを超越しよう。私の手を取りなさい。そうすれば、私があなたを真実の門へ送っていって、あなたの魂が光り輝くのに立ち会おう」。あなたが目覚めることは私の約束であり、この約束が妨げられることはない。さあ私の手を取って、真実があなたを通して現れるのを見なさい。約束として、これが現実でしかも本当である証拠をあなたに示そう。三日以内に、私は疑いの余地のない体験をつくる。その体験とは、**私は**あなたと共に**ある**、そしてすべての人にとっての最大の善のためと愛の現れの完全な表現のために、私たちはいっしょに世界を変容しはじめている、という体験だ。

**私は**今、あなたを抱擁しているところで**ある**。また、**私は**絶えず感謝しているので**ある**。愛の完全さにおいて、そして一なるものへの奉仕において。**私は**炎の守護者《キーパー》、聖ジャーメインで**ある**。

**＊訳注　あなた方のプラクティス**　プラクティス（practice）には、練習、稽古、実行、実践、慣習などの意味がある。

あなたは準備ができている。
人類はずっとあなたを待っていた。
さあ、出て行って輝きなさい！

## 謝辞

私の教師たちや友人たち、ガイドたち、それから聖ジャーメイン、レッド・ファーザー、すべてに浸透している母―父―神―女神にはお礼の申し上げようもない。常にそこにいて私の人生を祝福してくださり、ありがとうございます。いつも感謝しています。

妻のナラーヤニへ。愛しているよ。君のいろいろな犠牲のおかげでこの本を世に出せた。君は私が会った最も驚くべき女性のうちの一人だ。君に感謝し、そして君が私の人生の一部であることを誇りに思っている。

二人の息子たち、ボウディとノアへ。どうもありがとう。君たちは私にとっては驚くべき教師であり、君たちの愛と存在は私の成長を手伝ってくれている。君たちを愛しているよ。

親友のラーマへ。あなたがいなければ、この本は今あるような驚くほどの恩寵にはなっていないだろう。どうもありがとう。

シャーナ、ジーマ、ヘレン、ジュリアへ。あなたたちの尽力と献身は計り知れないほど貴重なものだ。どうもありがとう。

シーラへ。この本を飾る美しい挿絵を生み出してくれてどうもありがとう。

最愛のオルタリアへ。あなたの教えと愛は私の中に深く流れています。あなたという素晴らしい人が存在していることに感謝します。

――アシェイマリ

# 訳者あとがき

この原書を初めて読んだとき、不思議な感覚を味わった。英語を読みながら、透明な流れの中にでもいるように感じていた。私の目は英語を追っているのに、同時に目の前の少し上のほうに、左から右へと透明な流れが見えていた。目の前に見えるといっても物理的な空間ではなくて、どこか別次元のようである。

そういえば左から右へというのは、英語の活字を読む方向と同じだ。聖ジャーメインがこの本の冒頭で「あなたが手にしているものは生きている」と説明しているから、私はそれを流れていると感じたのだろう。

不思議だったのは、それだけではない。私は原文を日本語には置き換えないで読んでいたのだが、まるで聖ジャーメインが日本語で語りかけてくるかのように、ときどき日本語が浮かんできた。以前に読んだ本の「訳者あとがき」に、相性の良い本に合うと日本語が聞こえてくる、と書かれていたことを思い出し、私にも同じようなことが起きているのだと驚きもした。

私は流れの中で本を読み続けた。中断したらその状態には戻れないだろう。その状態をできるだけ長く保ちたくて、ひたすら先へと進んでいった。だから、初回は通して読んでしまった。止まれというガイダンスに従わなかったので、それがちょっと惜しかったような気もしている。もしちゃんとガイダンスに従っていたら、また違う体験ができたかもしれない。

とにかく読んでいるあいだはものすごく高揚していたから、きっと本のエネルギーを受け取って、それで流れにアクセスしていたのだろう。この本は、本当に「生きている」のである。

ところで、日本語が聞こえてきたので訳しやすいかも、と淡い期待を抱いたのだが、実際には訳しやすいどころか、とても時間がかかってしまった。あの流れの中で聞こえた日本語は泡のように浮かんでは消えていき、そこから出たときには跡形もなかった。翻訳作業は通常のパターンと変わることなく、大いに迷い、修正を重ねた。

ただし例外があって、なぜか最重要のキーワードだけは苦労しなかった。それもまた、この本のちょっと不思議なところである。苦労せずに訳せたのは、「私はある」（"I AM"）と「私はあるもので、ある」（"I AM THAT, I AM"）で、どちらもこの本の重要なフレーズだ。

「私はある」という訳は、この本が決めてくれた。"I AM"は一般的に日常で使われるようになったと説明されているので、迷うことがなかった。以前に別の本で"I AM"を訳したときには同義語が数多く出てきて、さんざん頭をひねったので、今回も重要なキーワードだから勢い込んで向かったのだが、気勢がそがれるほどあっさり決まってしまった。

「私はあるもので、ある」という訳も、するりと生まれ出たものだ。キーワードとなる単語でも最後まで迷うことがある私にとっては、比較的早い段階で、あっという間に出てきて、そのまま確定したのは珍しいことだ。しかもその言葉が出てきたときの状況や自分の感覚が他とは全く違っている。

この訳については、考えたことなど、いくつか書きたいのだが、ここでお断りしておかねばならない。私が述べることはあくまでも私個人の考えである。この本には、マインドがもてあそぶ余計な話がないのは特筆すべきことだと序文にあるので、訳者が私見を述べるのは控えたほうがいいのかもしれないとも思う。少々迷ったが、訳注ではなく、訳者あとがきで触れることにしたので、もし邪魔になるようであれば、どうか読み流すか無視していただきたい。

この訳に取りかかろうと思って〝I AM THAT, I AM〟を眺めたときに、目についたのがコンマである。正確に言えば、コンマの位置がポイントだと思った。

コンマのない“I AM THAT I AM”というのは一般的に知られている言葉である。これは旧約聖書で神が自分を名乗るときに語った言葉で、そして現在でもチャネルされた文章でよく見かけるものである。（最近、数回見かけたのだが、コンマのあるフレーズも出てきているようだ）

旧約聖書の“I AM THAT I AM”には、コンマはない。

この本の“I AM THAT , I AM”には、途中にコンマがついている。

コンマなしの場合、“THAT I AM”は名詞節でまとまっているので、もしもフレーズの意味的な区切りを考えるなら、名詞節の前の THAT の前だろう。だが、コンマは THAT の後、その名詞節の中に入っているのである。そのため、コンマがこのフレーズを“THAT I AM”と“I AM”という二つの部分に分けている。また続けて全体を通して読めば“I AM THAT I AM”となるので、この言い方も含まれていることになる。だから、このフレーズには次の三つの言葉（同義語）が入っているのである。

I AM THAT

I AM

I AM THAT I AM

つまり、コンマが三重構造をつくっているのだ。

私は、このコンマに注目して、日本語訳でも同じ構造にしなければならないと考えた。読点（、）をできるだけ同じような機能で使って、一つのフレーズで三つの言葉が含まれる訳にしたいと考えたのである。

最初の一カ月ほどは、頭をフル回転させてあれこれ練った。世に出ているさまざまな“I AM”の同義語の訳語をパズルのように組み合わせたりして、出来映えはともかく、とりあえず暫定的な候補を作ってみた。

ふと、それまでの候補とは別に、新しくもう一つ訳を考えることにした。ゼロから考えなおそうと思い、まず旧約聖書の該当箇所（出エジプト記３―14）の各日本語訳を見直した。調べてみると、「ある」の意味やこの言葉自体の解釈が複数あるらしい。そのようなことを確認し、いろいろあるんだなぁと思っただけで、その日の机上の作業は終了した。

しかしその夜はとても目が冴えていて、寝る直前も、頭の中でいろいろと考えていた。読点の位置によって意味が変わる単語はないかなぁと思ったとき、「ある」が浮かんできた。「ある」という単語には助動詞と動詞がある。

「……である」に読点を打って「……で、ある」にすると、助詞が動詞に変わる。そう気づいた瞬間に、何かが頭に浮かんだ気がした。あっ、と思って、慌ててメモした。

「私はあるもので、ある」

〈あれ？　これでいいのかな？〉と、書き留めたものをじっと見た。

　翌日、そのフレーズをいろいろな角度から眺めてみた。読点によって、「私はあるもの」と「ある」と「私はあるものである」の三重構造になっている。“I AM”の訳「私はある」とも合っている。

　また、本文でわざわざ「駄洒落《だじゃれ》じゃないよ」と断っているが、この訳なら駄洒落のように、少しふざけた感じがする。

　これは私の好みかもしれないが、後半に「私は」が入っていないのがいいと思った。主語の省略は日本語の特徴でもあるし、「私は」がなければ、つまりただの「ある」には、自己と他者の区別や境界が入らない。そしてシンプルだ。

　そのとき、このフレーズが輝いているような気がして、絶対に動かしてはいけないと感じた。それで確定した。

　そのようなわけで、このフレーズは読点が特徴なのだと思っている。

私は、「私はあるもので、ある」が翻訳を手伝ってくれると思ってきた。訳に対する違和感という形で、修正の必要なところを教えてくれたと思っている。つまり誰もが持つ、ごく普通のやり方で。しかし、このフレーズだけは、「私はあるもので、ある」が直接的に訳を送ってきたような気がする。

一人でも多くの方に、このフレーズを、この本を使っていただけますように！

最後に、多くの時間をくださった編集の片田雅子氏に深い感謝の意を表したい。そして直接的あるいは間接的に、いろいろな形でこの本にかかわってくださったすべての方々とマスターたちに、心からの感謝を捧げたいと思う。

二〇一二年　夏至

片岡佳子

## 「ワンネスの青写真」オーディオ体験のご案内　（すべて英語版）

首尾一貫してなされるどんな行動もマインドに印象を刻み込み、自然に習慣をつくりあげることになる。アシェイマリと聖ジャーメインは祈りと解説と瞑想を録音した。それらはあなたを制限している信念からあなたを解放し、あなたに内なる神聖な自己を定着させるように編集されている。トラック３の瞑想を聞く際には、その瞑想を完全に経験するために、邪魔されない場所をつくって個人用ヘッドホンを使うことをお勧めする

**トラックリスト**

**1「ワンネスの青写真」の祈り**
**2「ワンネスの青写真」の解説**
**3「ワンネスの青写真」の瞑想**

各トラックは以下のアドレスよりＭｐ３形式でダウンロード可能。（www.Findhornpress.com　有料）

次元上昇したマスター、聖ジャーメインによる発売中の他のオーディオは、以下のアドレスよりＭｐ３形式でダウンロード可能。（www.findhornpress.com）

・世界各地への「聖なる旅」のファシリテーター
・「ドン・イナシオの家」のガイド・霊媒
・以下のイニシエーター
　大天使ミカエルとフェイスのアチューンメント
　オピュレンス（富裕）のアチューンメント
　レムリアン・アチューンメント
・国際スポーツ科学協会（ISSA）認定トレーナー
・メルキゼデク団の聖職者：レベル2（Red Feather Badge of Courage）

---

**Awakening From Within**（アウェイクニング・フロム・ウィズイン）**について**

Awakening From Withinは、次元上昇したマスター・聖ジャーメインをつながりとして集っており、母なる地球と住民への奉仕と支援を使命としている。愛を選ぶ人、そして一体化と愛と平等の意識に移行する人が1つにまとまるよう求められているのは、意識の転換点となる今である。マスターたちやさまざまな愛の存在、人類と母なる地球のために働いている他の組織と手を携えて、私たちは主に聖ジャーメインと働く。聖ジャーメインは、私たち1人1人を通して具体的に働いて、内なる愛と荘厳さの直接経験を共同創造する人をサポートしている。

さらに情報を知りたい方は、以下のウェブサイト（英語版）へ。
www.awakeningfromwithin.com

---

## 著者紹介

### 聖ジャーメイン *Saint Germain*

聖ジャーメイン（サン・ジェルマン伯爵）は神智学に関与している18世紀の人物で、次元上昇を遂げたマスターであるといわれている。

### アシェイマリ・マクナマラ *Ashamarae McNamara*

1970年1月2日、カリフォルニア州カノガ・パーク生まれ。アシェイマリは生まれてこのかた精神世界に身を置いている。祖母も母もスピリットの霊媒で、人びとの人生を手助けしてきた。彼も幼い頃よりグループ・チャネリングに参加し、24歳のときに母親の霊的ガイドと共に訓練を開始して母の後を継ぐ。アシェイマリはスピリットをチャネルし、スピリチュアルに関する団体Awakening From Withinの創設メンバーの1人である。現在、愛情深い夫そして父親であり、神聖な愛の僕として人生を送っている。

以下のさまざまな経験を積んで現在に至る。

- チャネル
- インテュイティブ（直観）
- 執筆
- ライフ・コーチ
- タロットリーダー
- 7世代目のレイキ・マスター
- Quan Yin’s（観音）Magnified Healingのティーチャー

# ワンネスの青写真
## 私は聖ジャーメインなるものである

訳者紹介
**片岡佳子**（かたおか よしこ）
津田塾大学学芸学部英文科卒業。大手企業のシステム業務、
筆跡鑑定士を経て翻訳業へ。訳書に『レムリアの真実』
『レムリアの叡智』『新しいレムリア』(いずれも太陽出版)がある。

---

2012年8月5日　第1刷
2020年9月10日　第2刷

[著者]
聖ジャーメイン
アシェイマリ・マクナマラ

[訳者]
片岡佳子

[発行者]
籠宮啓輔

[発行所]
太陽出版
東京都文京区本郷4-1-14　〒113-0033
TEL 03 (3814) 0471　FAX 03 (3814) 2366
http://www.taiyoshuppan.net
E-mail info@taiyoshuppan.net

---

装幀・本文レイアウト＝日比野知代
［印刷］シナノ パブリッシングプレス
［製本］井上製本
ISBN978-4-88469-744-0